# *Dieses Notizheft gehört:*

Name

Adresse

E-Mail und/oder Telefonnummer

**Impressum**

*Bibliografische Information der Deutschen Nationalbibliothek: Die Deutsche Nationalbibliothek verzeichnet diese Publikation in der Deutschen Nationalbibliografie; detaillierte bibliografische Daten sind im Internet über dnb.dnb.de abrufbar.*



Verlag:
Melanie Mur
c/o skriptspektor e. U.
Robert-Preußler-Straße 13 / Top 1
5020 Salzburg
AT - Österreich
m.mur@ok.de
https://www.melaniemur.de/

Herstellung und Verlag: BoD – Books on Demand, Norderstedt
Printed in Germany



ISBN: 9783757830021